成功脳

新版

SUCCESS BRAIN

斎藤一人《ひとり》

Hitori Saito

KKロングセラーズ

はじめに

この本は、柴村恵美子さんの出版記念パーティで話した内容を、本にしたものです。

講演で、わかりづらい部分は多少ですが、わかりやすく変えさせていただきました。

ぜひ、本は七回読んで、音声は一〇回以上聞いてください。

斎藤一人

目次

本書は二〇一七年六月に弊社で出版した
書籍を改題改訂して新たに出版したものです

新版

成功脳

斎藤一人

「歳をとらない方法」を教えます

はい、みなさん、こんにちは。

このぐらいで聞こえるかな？　大丈夫ですか？

さっきそこで、みんなと並んで握手していたら、一人の男性からショッキングなことを言われました。

「男の人と、女の人と、握手の時間が違うんじゃないですか？」
私ね、よく「男性嫌いです」っていう話をしますが、これはジョークなんです。
全員ね、私のファンで来てくれているから、公平にしなきゃいけない。
自分で心に決めていることがあるんです。
「握手は、女性は三〇秒。男性は〇・二秒」（会場大爆笑）
これだけ気をつかっていても、わかる人が見ると、わかるんだなあ。

今日はね、いろんな話してくださいって、言われています。

恵美子先生から頼まれて、いろんな話をします。

さっきは「一時間話してください」って言われました。でもたぶん時間がないんで、四五分ぐらいになると思います。

ただ、「一時間話してください」とか、いろいろ言うんですから、私から会費とるのやめてください。（笑）

ジョーダンですよ。

いつもうち、会費制だからね、それはいいんだけどさ。

みんなの役に立つ話をします。


この前ね、美容師の方が、「一人さん、髪の毛、染めてますか?」って聞くから、「染めてないよ」って言ったら、めずらしいんだって。

「白髪ありますか?」って聞くから、「何本かあるよ」って言ったら、めずらしいんだって。

それで、「歳をとらない方法」を話します。

知りたい? （会場拍手）

人間ってね、楽しく生きるんです。

もちろん栄養とか、いるんだよ。

それは当然のこと。

それでね、楽しくしていると、一年がすぐ過ぎちゃう。

楽しくて、一年が感覚的に「半年で過ぎちゃった」と思ったときは、半年分しか歳とらないんです。

それでね、「苦労すると老けちゃう」って言うでしょ?


あれね、辛いときって、時間が長いの。

そうすると、一年でもガクンと歳とっちゃうの。

わかるかな?

だから毎日、私みたいに楽しく生きてると、一年が三カ月くらいで過ぎちゃう。
そのくらいの感覚なの。

自分の歳は、自分で決めていい

それで、歳をとらないコツは何かっていうと、「自分の歳を思い出しちゃダメ」なの。

人間って、いくら楽しく過ごしていて、一年を「三カ月だな」とか思っていても、自分の歳を言うと、脳って「カチン！」って本当の歳にスイッチが入っちゃうんです。

私の場合は個人的に、「自分の歳を勝手に決める会」っていうのをやっています。（笑）

自分の歳は、自分で決めていいの。

だからみんなもね、「自分の歳いくつですか？」って聞かれたら、「二〇歳がいい」とか、決めていいんです。

そしたら誰がなんて言ったって、二〇歳なの。

私の場合は、昔から二七歳が好きなの。（会場大爆笑）

なぜかというと、三〇になっちゃうと、なんか分別があることを言わなきゃいけないような気がしちゃうの。

あれが嫌なの。

分別がないのが好きなの。

みんなもね、自分の歳って、自分で決めていいんだよ。

それで「いくつですか？」って聞かれても、答えちゃ絶対ダメだよ。

「私、二七で決めています」とか、恵美子さんなら「私、一八です」とか。（笑）

日本って、自分の好きで決めていい国だからね（役所にはダメだよ)。

それで、あとは毎日を楽しく過ごすの。

そうすると、歳ってとらないいんだよ。

ウソだと思ったら、やってみな。

本当に一年で老けちゃって、シワだらけになっちゃって、「えっ、一年でこんなに老けちゃったの？　どうしたの？」っていうときは、苦労してるの。

だから毎日、楽しいこと考えてればね、楽しいし、「ああ、オレは二七なんだな」って思えば、「もうひと花かふた花、咲かせたいな」って考えちゃうのね。

これが「白髪ができない話」なの。

ほんとにやってみて。

これ、ジョーダンじゃないの。

フランスのマリー・アントワネットか誰かが、牢獄につながれたら、たった一日で髪の毛が真っ白になっちゃったっていう話があるのね。

だから苦労って、あんまりしちゃダメですよ。

それと、ここにいる人、苦労が似合わない。（会場拍手）

似合わないから、やめた方がいいね。

一人さんの精神論

今日は、サービスでいい話をします。
幸せになるには、たったひとつだけ条件があるんです。
たったひとつだから、覚えてほしいの。
で、このひとつの前に、ふたつ話があるんです。（会場爆笑）

だから話しながら、多少の矛盾は感じています。（笑）

この前、寺田さん（お弟子さんの寺田啓佐《けいすけ》さん）がね、

「一人さんね、日本には『三大聖人』がいます」って言うんです。

精神的な話をする人が、三人いるんだっていう話をしてたのね。

「一人目は○○さん」って寺田さんが言って、私は「ああ、その人、聞いたことありますね。有名な方ですね」って言いました。

「二人目は○○さん」って寺田さんが言って、私は「あ

あ、その人もすばらしい方ですね」って言いました。
それで、
「三人目は、斎藤一人さんです」
って言うんです。（会場拍手）
それでね、びっくりしたの。
なんでかというと、私は、精神的指導とかをしようと思ったことがないんです。
私は、精神的指導者とかになれないの。
無理があるんです。
私なりの、精神的な考え方はあります。

ただ、世間が思っているのとぜんぜん違う精神論です。もしこれでいいんだとしたら、教えられるけど、受け入れてくれるかどうかわからない。

一人さんの精神論というのを、いまから話します。（会場大拍手）

あまりのすばらしさに、お客さんが半分、帰るかもしれません（笑）

それぐらい、いい話なんです。

恋愛問題について、一人さんが思うこと

「相談事で、一番多いのは何ですか?」っていうと、やっぱりね、「男と女の問題」が多いの。

恋愛の問題とか。

「恋愛の問題について、一人さんはどんなふうに思っていますか?」って聞かれると、好き同士ならいいんです。

誰かが誰かを恋するって、とめられないんです。

「この人、好きになっちゃダメだよ」って言われても、「そうですか」ってわけにもいかない。

「この人、好きになりなさい」って言われても、「そうですか」ってわけにもいかない。

人の気持ちって、そうじゃないんです。

「僕、あの人のこと、大好きなんです」って言う人がいると、

「そりゃいいよ。ただね、問題は、向こうが好きかどうかだね」って。

だから、うちのお姉さんがね、「二〇歳の彼氏ができたんです」って言っても、「よかったね」って言います。歳の差なんて、ぜんぜん問題ないんです。

ただ、「好き同士かどうか」なんです。

好き同士なら私は、それ以上は何も言いません。

手出しても、足出しても、いいんです。（笑）

だから、一人さん的に言うと、

「自分のこと好きじゃない人、追っかけまわしちゃダメだよ」

それさえしなきゃいいよって。
それだけなの。

働かない男はダメ
「狩りに行かない」のと同じ

それで、二つめの話。
肝心の話は三つめなんだよ。
ただね、この二つだけはわかってもらわないと、ダメだよっていうことね。

ひとつは、「嫌がっている人、追っかけまわすのよそうね。それさえしなければ、オレはオールマイティでOKだよ」

あともうひとつ、男はね、働かないとダメなんだよ。

あのね、男って、はるか原始時代から狩りに行くんだよ。

いま「狩り」というのは、働きに行くこと。

サラリーマンになって働きに行ったりして、糧を得に行くじゃん。

職場は変えてもいいの。

そうするとね、「仕事変わりました」っていうのは、狩りする場所を、向こうからこっちに変えましたってい うだけなんだよね。

だから、変えてもいいの、ぜんぜん。

問題は、「狩りに行かない」っていうこと。

狩りに行かないのはダメなんだよ。

よく、「職場でね、嫌な部長がいて、どうのこうの…」って言う人がいるけれど、その職場をやめたら、次の職場には、その嫌な部長もいないはずだよね。

だから、狩りに行きな。

狩りに行かないとダメなの。

よく「一人さん、嫌なことはしなくていいって言ってますよね」って言うけれど、仕事だけはしなきゃダメなんだよ。

仕事だけはね。

嫌なことだったら、楽しくなるように、工夫しな。

サラリーマンを選ぶと、ウサギをつかまえに来たのに、前からトラが出ることもある。

オレたち商人もね、思わぬ不況とか、いろんなことあるんだよ。
だから狩りに行ったのに、逃げて帰ってくることもあるよ。
だけど、それでびっくりして、狩りに行かなくなっちゃダメだよ。

野菜しか食べないでいると気持ちが臆病になる

話がちょっと横道にそれるんだけど、肉食わなきゃダメだよ。

なんでかっていうと、自殺する人って、肉食わない人が多いの。

そういう人ってダイエットをしてる人が多いの。

そのときに、野菜ばっかり食うんだよ。

うつの人も、野菜ばっかり食うんだよ。

そういう人の言い分って、「人間の歯って、犬歯が四つしかないから、肉食じゃない」って言うんだよ。

だけどオオカミやなんかは、歯で獲物をつかまえる。

人間で、「歯で獲物をつかまえてる人」って、見たことある？（会場爆笑）

ないよ。

人間は狩りに行ったときに、弓とか槍でとるよね。

口でつかまえたとかって、いないよね。

オレたちは煮焚きして食べるんだよ。

「何言いたいんですか？」って、菜食の人は、「日本人が肉食い出したのは最近だ、明治になってからだ、その前はずっと米食ってたんだ、穀菜食だった」って言うんだよ。

それはわかったよ。

でも、その前は何だったの？

その前の何万年は、人は肉を食べていたんです。

マンモスやなんかを追っかけて、マンモス食ってたんだよ。

こんなこと言うとおかしいけれど、人類の長い歴史からみて、お米を食べ出したのって、最近ですよ。

「何言いたいんですか？」って、その前は、何万年も肉食べてたんだよ。

肉が足りないとどうなるか知ってるかい？

草食動物は臆病なんだよ。

びくびくびくびくしてるんだよ。

草食動物って、うっかり人間がつかまえると、ショック死しちゃうんですよ。

いまみたいにストレスの多い社会で、野菜ばっかり食ってると、びくびくびくびくしちゃうんだよ。
だからおかしくなって表にも出れなくなっちゃう。
わかるかい？　食べてるもので、違うんだよ。
だから、オレたちは肉を食べないとダメだよ…って話。
だけど肉ばっかかり食べててもダメなんだよ。
肉も野菜も食べるの。
バランスっていうのがあるからね。

どんな仕事も「いい仕事」
職業に差別はないけど、
働かないことだけはダメ

それでさ、「狩り行こうよ」って話だよね。
仕事もしないで、「あの人、好きなんです」「この人、好きなんです」って言う人がいるけれど、働かないヤツは女に手出しちゃダメだよ。

いけないの。

規則だよ。オレが決めたんだからね。（会場拍手）
とにかく働こうねって。
生きていると、やりたくないこと、いっぱいあるよ。
嫌なこともいっぱいある。
「嫌なことはやんなくていいよ」ってオレ言ってるよ。
でも仕事だけはしなくちゃ生きられないんだよ。
だから仕事だけはしようね。
楽しくしようね。
職場変えてもいいよ。
「あんた仕事なに？」って聞くと、「国会議員です」って言う人もいる。
「交通整理です」って言う人もいる。
「臨時雇いです」って言う人もいる。
でも、オレにとってはみんな「いい仕事」なの。
職業に差別はないの。
でも、働きに行かないことだけはダメなの。

『五〇〇年たってもいい話』か『一〇〇〇年たってもいい話』の中にね、「うちの主人がミュージシャンで、仕事をしないんですけれど、どうしたらいいでしょう?」って

いう質問があったから、「別れちゃいな」って言ったら、
「一人さん、ミュージシャンに厳しいんですね」って。
ミュージシャンに厳しいんじゃないよ。
「働かないヤツ」に厳しいの。
「働きながらやってるんです」って言う人には、いくらでも応援するの。
だって、働きながらだって、できるもんね。
大の男が、奥さんだけ働かして、自分は働かないって、ダメだよって。
「一人さんのファンです」って言うけど、オレ、日本

で一番働いているんだよ。
その人のファンになってさ、働かないのはダメだよって。
これが基本なの。
それで、これからがオレの精神論なんだよ。
基本だけはちゃんとやってよ。
嫌な人を追っかけまわしちゃダメだよ。

子どもには「迷惑かけちゃダメだよ」じゃなくて「法律を守ろうね」

よく、こういう親いない？

「お前、何やってもいいけれど、人に迷惑かけるなよ」

あの言葉が嫌いなの。

「迷惑」って何？

具体的に言ってくれる？

もうちょっと具体的に言って、「人に迷惑かけちゃいけない」って何ですか？

「人に迷惑かけちゃいけない」っていうのは、自分の息子が、暴走族かヤクザにでもなったときに言う言葉なんだよ。

だいたい普通の子って、迷惑なんか、かけていないんだよ。

「迷惑かけちゃいけないぞ」って言うのって、丸いものに、もっと丸くなれって言ってるのと同じだよ。

ひとノミ入れたら、くぼみができるから、また丸くするためになきゃいけない。

そうすると、また「人に迷惑かけちゃいけない、迷惑かけちゃいけない」って言う。

「迷惑かけちゃいけないって何ですか？」

一人さん流に言うとね、それを子どもに言うなら、

「法律を守りましょう」

って言いたい。

夜、バイクとかでブーブーブーブーやってる人がいるけれど、あれ騒音法違反なんだよ。

好きでもない女の人の手をにぎったら、それも違反な

んだよ。
法律違反はしちゃダメなんです。

「迷惑かけるな」って言うのは、
「平均台の上を歩け」と言うのと同じ

それでね、「法律だけ守っていればいいんですか？」って、
法律を守ろうっていう子はいい子だよ。
オレなんかも法律を守んなきゃって思ってるけど、つ

いうっかり、高速なんかで、「あれ、こんなにスピード出てた?」ってことがあるんだよ。

あのとき隣にパトカーいたら、つかまっちゃうよ。駐車したって、「ちょっとこれ、出てたかな?」なんてことあるんだよね。

法律が整備されていないころなら、別だよ。だけど、これだけ法律が整備されているんだから、法律を守るって、大変なんだよ。

普通の人がね、「人に迷惑かけるんじゃないよ。迷惑かけるんじゃないよ」って言っているのは、「平均台の上を歩け」って言ってるのと同じなんだよ。
「ちょっとそれたら、大変なことになるぞ」って。
でも平均台から落っこちてみるとどうなるかって、そこは大地だったんだよ。（笑）
平均台から落っこちても、好きなところに、行けるんだよ。
本当にそうだよ。
オレ中学しか行ってないけど、ぜんぜん困ってないんだよ。
オレのころって、中学出は、たった二人しかいなかった。
あとの子は、夜学やなんか行ったんだけど、夜まで勉強するなんて、とんでもないよ、オレに言わせると。（笑）
昼間だって、嫌なのに。（笑）↓（もちろん働きながら夜学に行った人は本当に立派だと思っています。ただ、学校嫌いの一人さんは、夜まで学校に行くなんて考えられないという意味です）
それでさ、平均台から落っこってみても、やっていけるものって、あるんです。
オレは、「平均台の上を歩け」みたいなことは言わないよって。
だから一人さんにとって、「自分で働いて、嫌がる女性を追っかけないで、法律守っていいます」って言ったら、オレはすばらしい人だと思っています。（会場拍手）
一人さんの精神論って、それだけなの。

楽しみながら、精神的なことをする

オレのところにくる子って、まじめなの。
本当にいい子たちなの。
だからオレがよく「もう少し不届《ふとど》き不埒《ふらち》に生きろ」って言ってるの。
不届き不埒になっても、やっと普通になるくらいまじめすぎる子たちなんだよ。

それで、みんなで法律は犯さないように生きてます。

その後、楽しみながら、精神的なことをしたいねって言っているんです。

例えばここで、忠夫ちゃん（お弟子さんの遠藤忠夫さん）が、いくらおっかない顔したって、罪にはならないんだよね。

法律違反じゃないんだよ。

ホントなんだよ、おっかない顔していたって、法律違反じゃないんだよ。

だから、それでもいいの。
ただ、ニコニコしているほうがいいよな。
あと、人を傷つけるようなことを言っても罪にはならないかもわからない。
だけど、どうせだったら、人が喜ぶ言葉をしゃべったほうがいいよねって。
「一人さんの教育論って何ですか？」って、「みんなで法律を守りましょう」。
そしてその後、楽しみながら、精神的なことをしていくんです。

脳はストレスがあると痛みを出す

これから変な話をします。
信じなくていいですよ、この話は。
これを信じられる人は、一人いるか、二人いるか、そのぐらいです。
すごい話です。

帰って、人に話しても、誰も聞いてくれません。（笑）

脳の話をします。

「成功脳」という話です。

ちょっとね、「強気健康法」っていうので話しているんだけど、あれ、体のことだけ話してるんだよね。

知らない人に、ざっと話すね。

昔、胃潰瘍が多かったの。

ところが、最近は、胃潰瘍が減ってきた。

胃潰瘍だっていう人の話、聞かない。

でも、なくなったわけじゃないよ。

なんで胃潰瘍の人が減っているかっていうと、神経が原因だって、わかってきた。

神経が原因だってバレると、脳は痛みを出すのをやめちゃう。

わかるかい？

そのかわりに、最近、腰痛が増えてきたんだよ。

たとえば、腰痛でレントゲン撮ると、骨の形がいびつになっちゃってるとか、椎間板が出てるとかっていうのがわかる。

そうすると、レントゲンに出ているから、誰も痛みが脳のせいだとは思わないんだよ。

だけど、ちょっとおかしいことがある。

だって、骨の形が曲がっているんだったら、「今日は痛くないよ」、「今日は調子いいよ」って、痛みに差があるのっておかしいよね。

おかしいんだよ。

だって、骨が曲がってるんだよ。

骨って、今日も曲がっていて、明日も曲がってるんだよな。

それなのに「今日は調子いいんです」っておかしいん

だよ。

あるとき、アメリカのほうで、「腰が痛くない人」を調べたら、同じくらい骨が曲がってたり、骨に異常がある人がいっぱいいいるんだってのが、わかったんだよ。

わかる？

昔よく「病は『気』から」って言ったよね。

「『気』って何ですか？」って、脳なんだよ。

脳は、ストレスが出てくると、それをまぎらわすために、どこかに痛みを出すんだよ。

「おさえつけた怒り」は体のどこかに出てくる

ストレスの中でも、特に「怒り」。
「親から怒られた」「自分は悪くないのに、先生から『斎藤くんダメじゃないか』って言われた」とかさ。
まあ、オレの場合は、本当に悪かったんだけどね。（笑）
中にはね、悪くないのに怒られる人もいるじゃん。

そうすると、「おさえつけた怒り」は、どっかに出てくる。

怒りが出てくると、そのストレスをまぎらわすのに、脳は痛みを出すんだよ。

だから首が痛いだとか、腰が痛いとか、肩が痛いとか。

だって、考えてごらん。

骨を折ったって、三カ月で治るのに、ムチウチが三年も治らないって、おかしいんだよ。

野球の選手で、将来有望だって言われてたのが、肩痛めて、ずっと治らない。

肩痛めたって、治るよね。
それが何で治んないの？
ストレスがあるんだよ。

痛みをなくすには、脳に「おまえがやってるの知ってるぞ」

脳はストレスが出てくると、痛みを出すんだよ。
自分の脳に向かって、「おまえがやってるの、知ってるぞ」って言う。

「この痛みはウソで、ホントは腰は痛くないだろ」って。

脳に対して、「おまえがやってるの知ってるぞ」って言うと、早い人で一日か二日で治っちゃう。

栄養がいらないとかいう話じゃないよ。

オレが勝手にしゃべってるんだから、変な話だと思って聞いてな。

「おまえがやってるの知ってるぞ」って言うと、長くてだいたい三カ月で治っちゃう。

ところが問題は、「三カ月で治っちゃう」っていますオレが言ったのを、脳も聞いているんだよ。

そうすると四カ月痛くすると、「こいつ、逆らうのやめるな」と脳も思うんだよ。

脳はどっかでストレスを発散したいから、腰の痛みが治ると、こんど膝が痛くなってくる。足のつま先が痛くなってきたりする。

小さいときに喘息だとするじゃない。

そうすると親から怒られたりすると、うわあと喘息が出てきたりするんだよ。

人間の体はものすごく精密にできている

人間の体って、うまくできてるの。

休みが何日間か続いて「明日、仕事に行きたくないな」と思うと、ちゃんと熱が出たりするんだよ。

ものすごい精密にできてるってことを言いたいのね。

さっき「うちの主人が糖尿で」って言う人がいたから、

「ああ、後で治し方教えてあげるよ」って言ったんだけど、
脳が「糖尿」っていう病気を出すんだよ。
昔ね、こういうのがあったの。
二重人格者の人がいたのね。
その人、糖尿があったの。
その二重人格の人が、別の人格のときって、糖尿が出
ないんだよ。
でも、その人格のときは、糖が出るんだよ。
人間の脳って、とんでもないことをするんだよ。
今日、来ている寺田さんって、家で糖を測ると、測定

機を振り切っちゃうくらい、高いんだよ。

糖尿病の糖が、高すぎて測れないんだよ。

何やっても下がらなかったんだよ。

だから、「寺田さん、それ脳がやってるんだよ」って教えてあげたの。

それで、「おまえがやってるの知ってるぞ」って毎日脳に言うようになったら、数値がどんどん下がってきている。

本当に下がるんだよ。（会場拍手）

私たちの主役は「真我」脳は単なる道具にすぎない

だからね、うちなんか「歩き元気」っていう商品とか、いろいろあってさ、そういうのを飲んでも、劇的に治る人と治らない人がいるの。

「おんなじものを摂ってて、なんでこんなに違うんですか?」って、治らない人って、脳のストレスのはけ口になっちゃうんだよ。

信じなくてもいいけど、そうなの。

だから首が痛い、肩が痛い、胃が悪かろうが何でもいいけど、

「おかしい」

って脳に言ってごらん。

「なんで、おんなじようなもの食ってて、おんなじような生活していて、オレだけ病気にならなきゃいけないの？　これ、おかしいぞ」って。

オレたちの主役は神様からいただいた「分霊《わけみたま》」という針の先くらいの光があって、それが心臓の中に入ってる。

それを「真我《しんが》」というんだよ。

神が道具としてつけてくれたのが、手だとか、頭だとか、脳なんだよ。

ところがこれが、この脳は、じゃじゃ馬みたいなものなんだよ。

上手に乗りこなせば名馬なんだよ。

ところが、みんなうまく乗りこなせない。

それで、この脳に反対にやられちゃうんだよ。

「トクだ」と言っていると脳は「トクな現象」を持ってくる

脳をうまく乗りこなすんだよ。

わかるかい？

オレは中学を卒業して、すぐ社会に出たんだけど、それを「トクだ、トクだ」って言っているんだよ。

誰に言うかって、自分の脳に言うんだよ。

脳に、「オレは中学出で、大学出の人より、七年早く社会に出ているから、トクなんだ、トクなんだ…」って、脳に言うと、脳はトクなことを持ってくるんだよ。

脳は「牽引《けんいん》の法則」と言って、コンピューター以上のものすごい力がある。

脳は、自分が思ったものを運んでくる力があるんだよ。

わかるかい？

だから、「学歴がないと馬鹿にされる」って言ってるのを脳が聞くと、「馬鹿にするヤツ」を連れてくるんだよ。

脳は、そういう働きがあるんだよ。

一人さんはなぜか、そのことを知っていたんだよ。
だから自分のことを、何かにつけて、「トクだ、トクだ」って言ってきたんです。
大学出た人は、「大学出はトクだ、トクだ」って言ってればいいいんだよ。
人に言うんじゃないよ。
自分に言うんだよ。
そうすると、トクなことを起こすんだよ。

自分にはできなくても、脳にはできる

脳はね、一万円稼ぐのも、一〇〇万円稼ぐのも、おんなじなの。

ただ、その人が、言ってることや思ってることだけを引っ張ってくるだけなの。

脳はすごい力がある。

ところが、ここにいる人全員が、いちばん信じられないのは、「自分」なんだよ。

自分が信じられない。

一人さんもよく、自分の脳に言うの。

「オレの会社、本社にたった五人しかいないけど、それでも納税で日本一になれるぞ」って。

それをずっと続けてきたんだよ。

「そんなことできるんですか?」っていうと、オレにはできない。

ただオレの脳にはできるんだよ。

うちはね、「日本漢方研究所」っていう会社名だけど、「研究所」がないんだよ。

研究員もいないんだよ。

オレも研究していないんだよ。

「そんな不可能なこと、できるんですか?」って、脳にはできるんだよ。

脳が一番喜ぶのは、「オレは中学しか行ってないからダメなんだ」って言ったと同時に喜ぶんだよ。

脳は頭使わなくていいからね。

脳をなまけさせないゲーム

松下幸之助さんがね、「自分を出世させたのは三つのことしか考えられない」って言うんだよ。

一つ目は、家が貧乏だったこと。

二つ目は、学校へ行ってないこと。

三つ目は、病気だったこと。

だから松下さんは、
家が貧しかったから、金持ちになろうとした。

学校行ってないから、本読んで勉強した。

体が弱いから、自分の代わりになってくれる人を、育てようと思った。

この三つ全部がね、普通の人が「だから、自分はダメなんだ」っていう理由にしてしまうことなんだよ。

ところが松下幸之助さんはそうじゃないんだよ。

「この三つのおかげで、自分は偉くなれたんだ」って言うんだよ。

家が貧しいからダメだって言うけど、ウソだよ。
世界の偉人伝なんて見てみな、ほとんどが貧乏人なんだから。
「大金持ちで、さらになりました」って言う人なんか、出てこないよ。（笑）
「貧乏だから、できない」って言うのはウソなんだよ。
要は、脳は、なまけたいんだよ。
脳をなまけさせないゲームなんだよ。
脳に「トクなんだ」って言う。
そうすればトクな現象を、探してくるんだよ。

「私にできないのは、おかしい」その言葉で、脳が働きだす

例えば一人さんは商人だよな。

一六歳のときから商人をしていて、たくさん働いてきた。

それなのに、お金がないなんて、おかしいんだよ。

「どのようにおかしいか？」っていう問題じゃない。

ただ、「おかしい」の。

「おかしい」って、言っていればいいの。

あとは脳が「どうすれば、おかしくないかな」って勝手に考え出す。

わかるかな？

うちの仕事で言うと、月五〇〇万円売る人と、月五万円の人がいる。

「同じものを売っていて、私が五万円しか売れないのは、おかしいんだ」って思えばいいんだよ。

ところがね、「おかしい」と思わない人は、思わないような人と、付き合っているんだよ。

脳に対して、脳がサボろうとするような考え方を入れちゃいけないいんだよ。

脳は「偉大なるコンピューター」不利なものを入れちゃダメ

たとえば、学歴のことだったら、こんなふうに思うんだよ。

「松下幸之助さんって、小学校しか出てない。オレは中学出だから、オレのほうが出世しちゃうな。（笑）

なぜかって言うと、『学歴社会』だもんな」（笑）

脳に対して、自分が損になることを言っちゃダメなんだよ。

脳は「偉大なるコンピューター」なんだよ。

ここに不利なものをつっこんじゃダメなんだよ。

「一人さんは、なんで成功するんですか？」って、脳に、自分にトクになるようなことをずっと言ってきたからなり、肯定的なことを言いなって言ってきたの。

だからずっと、お弟子さんたちにも天国言葉を教えたんです。

人の中には、「分霊《わけみたま》」という神がいる。

どんな人の中にも、いるんだよ。

この神様を信じるんだよ。

みんなの中に、神がいる

オレ、宗教家にはなれないんだよ。
「みんなの中に神がいる」って言ってるんだからね。
「オレが神だ！」って言ったとき、それは宗教なんだよ。
（笑）
「みんなの中にいる」って言ってるんだよ。

みんなおんなじだから、宗教じゃないんだよ。
もし、いろんな宗教やってる人がいたら、ごめんね。
オレ、人の宗教を批判しようという気はないの。
ただわかってもらいたいの。
どの宗教にも奇跡があるの。
劇的に病気が治った人とかいるんだよ。
どこだってそうだよな。
じゃあ、どこの宗教だって効くんだよ。
仏教は、お釈迦さまがやっていたころは、願い事を聞かなかった。

「なんで聞かないんですか?」っていうとそりゃ、聞かないよ。

だって自分が王子様なのに、それを捨てて出てきちゃったようなヤツ(ヤツなんて言ってゴメンなさい)に、「お金持ちになりたいんですけど」って言ったたって、そんな人の話、聞くわけない。

「彼女ほしいんです」って言ったたって、王様やめて出てきちゃったようなヤツが、「そんなの知らないよ」って言うにきまってる。

お釈迦さまって、少し変人だからね(笑)

変人だから、いけないってわけじゃないよ。
世俗的なことは聞いてくれないんだよ。
そしたら、インドのほうでは、仏教からヒンズー教に変わっちゃったんだよ。
ヒンズー教はお願いに行くと、聞いてくれるんだよ。
仏教も、最後の最後になったら、密教っていうの作ったの。
密教は願い事、聞くんだよ。
インドのお釈迦さまは、布みたいの巻いていたんだよ。
ところが密教は違うんだよ。

紫の袈裟着たり、後ろで鐘たたいたり、なんかジャンジャンジャンジャンやるんだよな。

そうなると、どうなるかっていうと、自分に自信がない人は、自信がないんだよ。

だけど偉そうなお坊さんが、護摩を焚いたりお経読んだりして、あなたのために必死でバーッてやってると、あなたがその気になるんだよ。

わかるかい？

「その気になったあなた自身」が奇跡を起こすんだよ。

自信がない人は「私にはできないけれど、脳にはできる！」

本来、自分に自信のない人は、

「オレにはできないけど、脳にはできる！」

そう言っていればいいんです。

一人さんのお弟子さんたちも、最初はみんなね、「私たち、社長になれるかしら？」って言ってたんです。

だからオレは

「なれる。あなたにはできないけど、あなたの脳には
できる！」

そう言ってたら、ホントに全員、社長になれました。

だからね、何か商売していて大変でもね、

「オレにはできないけど、脳にはできる！」

そう言い続けてください。


ちょっと腹立たしいことが前にあったの。

東北のほうが、津波で流されたとき。

工場とか、そういうところの経営者が出てきて、「かまぼこ工場とか、水産業とか、いろんなのやってて三〇年経つけれど、全部流されて、借金が三千万残った」っていうの。

三〇年会社やってて、借金が三千万あるんだよ。

ということは、その会社の中で、一番金持ってないのって、社長だぞ。

おかしいんだよ、それ。

だって、社長って大変なんだよ。

従業員よりがんばって働くんだよ。

資本金も出すんだよ。

それなのに、社長がいちばん金持ってないのって、おかしいんだよ。

脳に「こんなのおかしい！」って言わなきゃダメなんだよ。

これ、商売だけじゃなくて、すべてにおいてそうなの。「こんないい女なのに、彼氏がいないっておかしい」って言わないと、彼氏が出てこないの。（会場拍手）

脳は言葉に左右される

松下幸之助さんの家はね、親の代まで大金持ちだったの。

おばあちゃんに、「お前ね、あそこから、あそこまで家だったんだよ」って聞かされてたから、自分の代で松下家をおこさなきゃって気持ちがあったの。

だから貧乏に勢いがないんだよ。

ところが貧乏が何代も続いちゃうと、親や兄弟が朝から晩まで「オマエ、金がないからダメだよ」って。

そうするとね、「貧乏漬け」って、貧乏の漬けものみたいになっちゃうんだよ。

これが恐いんだよ。

これが知らない間に、人間の脳をおかしくしちゃうんだよって。

子供のときからずーっと「オマエ、ダメなんだ」って入れると、脳は、これ幸いとして動かないんだよ。

アインシュタインの脳細胞も、オレたちの脳細胞も同じなんだよ。

脳は言葉に左右されるんだよ。

わかるかい？

わかんなくても、そうなんだよ。

だから成功したいんだとしたら、いまの自分のことを「トクだ、トクだ」って言うんだよ。

中学しか出ていないんだとしたら、「中学出はいいぞ」「トクだ、トクだ」って言ってればいいの。

「どうトクなんですか？」って、それは脳が考える。

トクなことを運んでくるの。

トクなことを考え出すの。

脳はそういう働きがあるの。

幸せになりたかったら、「幸せだなあ」って言ってると、幸せなことを考え出すの。

「オレくらい幸せなヤツはいないぞ」っていつも言ってると、幸せなことを運んでくるんだよ。

わかるかい？　（会場拍手）

不利な条件でも、「トクなんだ」

うちの商品の中には、いろんな大学で考えた人が、「一人さんのところで売ってください」って来るものもあるんだよ。

その人は、その人が考えた商品だと思ってるんだよ。

でも、違うんだよ。

オレが念じたから、その人のところで生まれて、オレのところに来るんだよ。(笑)

脳にはそういう働きがあるの。

私とみんなの違いは、私はそのことを知ってたの。

なぜか知ってたの。

だからそういうふうに生きてるの。

だから、みんなも「○○でトクだよ」って言っていてくださいね。

不利な条件ほど、「トクなんだ」だよ。

世間は中学出じゃ成功するのは無理だと思ってる。

でも、オレ、納税一番になったよね。

連続したよね。（会場拍手）

オレのところに集まってきてくれたお弟子さんで、プロなんか一人もいないよ。

ということは、ふつうだったら「できない」っていうことが、いくつも重なったんだよ。

それでも、ずっと、やってこれたんだよ。

これ、すごいことだよね。

こんなすごいことはオレにはできないんだよ。

ただ、オレの脳にはできるんだよ。

脳は、すぐさぼろうとする
それに絶対、負けないこと

なんか、わかりづらい話かもわかんないけど、とにかく、どこかずっと体が痛かったりするのは脳がやってるの。

栄養をちゃんと摂るとかさ、運動するとかさ、そういうことはちゃんとしなきゃいけないけどね。

アトピーだろうが、喘息だろうが、花粉症だろうが、花粉を利用して、脳がなまけようとしているの。

脳にやられちゃダメなの。

オレも時々、病気したりするの。

でも、病気してても、本書いたり、仕事してるから、収入増えちゃったりするの。（笑）

ともかく「まいった」しないの。

ケンカでもなんでも、「まいったか？」って聞かれて、「まいんない」って言ったヤツの勝ちなの。

だから、どこか痛くなったりしたら、「脳がさぼろうとしてるんだ」って気づいてね。

絶対、それに負けないの。

「こいつ、またさぼろうとしてるな」って脳に言うんだよ。

いまね、ヒノキの花粉でちょっと目が赤く腫れててね、アイシャドウ入れたみたいになっちゃった。

これ、ヒノキを利用して、脳がさぼろうとしているの。

目が腫れる前は、「世界でいちばんいい男」だったの。

それが今日は、「世界で二番」になっちゃった。（笑）

非常に痛いよ、これは。（笑）

病気しようがなにしようがね、オレにとっては笑い話。
こんなことで「まいった」しないよ。

ライバルは、自分の中にいる脳

オレの味方も脳なんだよ。
みんなの味方も脳なんだよ。
でも、敵も脳なんだよ。

敵も味方も外にはいないんだよ。
頭の中でさぼろうとしているヤツがいるんだよ。
だからオレ、商売していて、人のとこなんか見に行ったこと、一回もないよ。
ライバルは外にいるんじゃなくて、自分の中にいる脳だから。
外を見に行くより、脳に「働け！」って言えばいいんだよ。
そうすると、いろんなことが、うまくいく。
アイデアも出てくる。

そのときに、外の会社を見に行きたいなら、行けばいいんだよ。

脳も働いていないのに、見に行ったって、脳はなにもやらない。

脳を働かせるコツは

「おかしい」

この言葉ですよ。

「私が成功しないのは、おかしい」って、自分の脳に言うんですよ。

これだけいい話を聞いたのに、「いい話聞いた」って納得しちゃダメなんだよ。

「いい話聞いて、幸せにならないのは、豊かにならなかったら、おかしいんだ」って思うんですよ。

わかるかい？

すぐ脳がサボろうとしてるんですよ。

みんなね、脳というこのジャジャ馬にやられちゃダメだよ。

病気を都合よく利用しているとズルズル引きずられていっちゃう

それから、病気を利用しちゃダメだよ。
病気を一回利用すると、あいつ何回でもそれを味しめるとやるからね。
だって、具合が悪いって言えば済むんだもん。
町会で呼び出されようが、なにしようが、「病気です」って言えば行かなくて便利なんだよ。

便利だけど、あいつを利用すると、あいつにズルズルズルズル引きずられていっちゃう。

一生は一回しかないんだよ。

バカバカしくて、病気なんかしていられないよね。

貧乏も嫌だよね。

「天国言葉を話しなよ」って言ってるけど、「誰に言うんですか?」って、自分の脳に言うんだよ。

「幸せだ、幸せだ」ってずっと言っていたら、脳はしょうがないから、幸せな現象を連れてくるんだよ。

不幸そうにしていたら、不幸を連れてくるんだよ。

これが、一人さん流の精神論なんだよ。

わかってくれなくても、いいんです。

ただ、そうなんです。

あと千年もして、だんだん脳のことがわかってきたとき、「日本にすごいことを言ったヤツがいた!」っていう話になる。

二一世紀は「魂の時代」
魂が脳の主人なんだよ

二〇世紀までが「脳の時代」なんだよ。
二一世紀は「魂の時代」なんだよ。
魂が脳の主人なんだよ。
使用人に使われちゃダメなんだよ。
なんか、力んで話したら、すっとしました。
今日はすごく楽しかったです。
どうもみんな、ありがとう。

一人さんがすばらしい波動を入れてくださった絵が、宮城県の定義《じょうぎ》如来《にょらい》西方寺《さいほうじ》に飾られています。

宮城県仙台市青葉区大倉字上下1
Kids' Space 龍の間

勢至菩薩《せいしぼさつ》様はみっちゃん先生のイメージ

聡明に物事を判断し、冷静に考える力、智慧と優しさのイメージです。寄り添う龍は、「緑龍」になります。地球に根を張る樹木のように、その地を守り、成長、発展を手助けしてくれる龍のイメージで描かれています。

阿弥陀如来《あみだにょらい》様は一人さんのイメージ

海のようにすべてを受け入れる深い愛と、すべてを浄化して癒やすというイメージです。また、阿弥陀様は海を渡られて来たということでこのような絵になりました。寄り添う龍は、豊かさを運んでくださる「八大龍王様」です。

観音菩薩《かんのんぼさつ》様ははなゑさんのイメージ

慈悲深く力強くもある優しい愛で人々を救ってくださるイメージです。寄り添う龍は、あふれる愛と生きる力強さ、エネルギーのある「桃龍」になります。愛を与える力、誕生、感謝の心を運んでくれる龍です。

雄大な北の大地で「ひとりさん観音」に出会えます

北海道河東郡上士幌町上士幌

ひとりさん観音《かんのん》

柴村恵美子さん（斎藤一人さんの弟子）が、生まれ故郷である北海道・上士幌町《かみしほろちょう》の丘に建立《こんりゅう》した、一人さんそっくりの美しい観音様。夜になると、一人さんが寄付した照明で観音様がオレンジ色にライトアップされ、昼間とはまた違った幻想的な姿になります。

記念碑

ひとりさん観音の建立から23年目に、白光の剣《つるぎ》（※）とともに建立された「大丈夫」記念碑。一人さんの愛の波動が込められており、訪れる人の心を軽くしてくれます。

（※）千葉県香取市にある「香取神宮」の御祭神・経津主大神《ふつぬしのおおかみ》の剣。闇を払い、明るい未来を切り拓く剣とされている。

「ひとりさん観音」にお参りをすると、願い事が叶うと評判です。
そのときのあなたに必要な、一人さんのメッセージカードも引けますよ。

そのほかの一人さんスポット

ついてる鳥居：最上三十三観音 第2番 山寺（宝珠山《ほうじゅさん》 千手院《せんじゅいん》）

山形県山形市大字山寺4753　電話：023-695-2845

斎藤一人さんとお弟子さんなどのウェブ

斎藤一人さんのオフィシャルブログ

https://ameblo.jp/saitou-hitori-official/

一人さんが毎日あなたのために、ツイてる言葉を、
日替わりで載せてくれています。ぜひ、遊びにきてくださいね。

斎藤一人さんのX（旧Twitter）

https://x.com/O4Wr8uAizHerEWj

上のURLからアクセスできます。ぜひフォローしてください。

柴村恵美子さん

ブログ
https://ameblo.jp/tuiteru-emiko/

ホームページ
https://emikoshibamura.ai/

舛岡はなゑさん

公式ホームページ
https://masuokahanae.com/

YouTube
https://www.youtube.com/c/ますおかはなゑ4900

インスタグラム
https://www.instagram.com/masuoka_hanae/

みっちゃん先生

ブログ
https://ameblo.jp/genbu-m4900/

YouTube
https://www.youtube.com/channel/UC4WV5S-NRtiMpaB1o1rYsMw

インスタグラム
https://www.instagram.com/mitsuchiyan_4900

宮本真由美さん

ブログ
https://ameblo.jp/mm4900/

千葉純一さん

ブログ
https://ameblo.jp/chiba4900/

遠藤忠夫さん

ブログ
https://ameblo.jp/ukon-azuki/

宇野信行さん

ブログ
https://ameblo.jp/nobuchan49/

尾形幸弘さん

ブログ
https://ameblo.jp/mukarayu-ogata/

鈴木達矢さん

YouTube
https://www.youtube.com/channel/UClhvQ3nqqDsXYsOcKfYRvKw

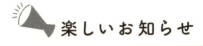

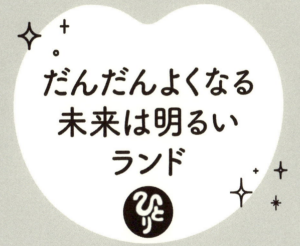

新版
成功脳

著　者　　斎藤 一人
発行者　　真船 壮介
発行所　　KK ロングセラーズ
東京都新宿区高田馬場 4-4-18　〒 169-0075
電話（03）5937 - 6803（代）
http://www.kklong.co.jp
印刷・製本　中央精版印刷㈱

落丁・乱丁はお取り替えいたします。※定価と発行日はカバーに表示してあります。

ISBN978-4-8454-2548-8　C0030　Printed In Japan 2025